Bibliographie sommaire de la première et de la deuxième Armée de la Loire.

DU MÊME AUTEUR

Le Centenaire d'Augustin Thierry.

Blois, C. Migault et Cie, in-8°.

Un chapitre inédit de l'Histoire du Costume: Le Pantalon féminin.

Paris, Carrington, in-12.

Etude iconographique sur Ronsard. — Le Portrait, le Buste et l'Epitaphe de Ronsard au Musée de Blois.

Paris, Honoré Champion, in-8°.

Notes complémentaires sur Robbé de Beauveset.

Paris-Vendôme, G. Villette, in-8°.

Le Tombeau de Jean de Morvillier et les Pleureuses de Germain Pilon.

Paris, Honoré Champion, in-8°.

Victor Hugo à vingt ans. — Glanes romantiques.

Paris, *Mercure de France*, in-12.

Napoléon en Loir-et-Cher (1808-1809).

Paris, Honoré Champion, in-8°.

Fernand Bournon, notice bio-bibliographique.

Paris, Honoré Champion, in-8°.

Le 75e Mobiles. — Court historique d'un régiment.

Paris, Honoré Champion, in-8°.

PIERRE DUFAY
Bibliothécaire de la ville de Blois
Capitaine de réserve au 113e d'Infanterie

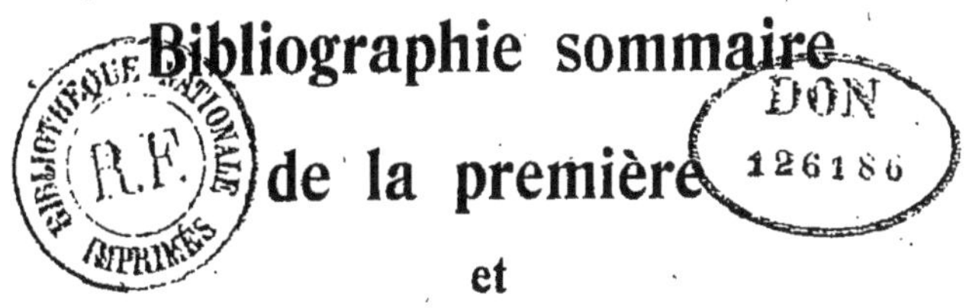

Bibliographie sommaire de la première et de la deuxième Armée de la Loire.

PARIS
Librairie ancienne Honoré CHAMPION, Editeur
5, Quai Malaquais, 5

1909

Frédéric Bulot, le Baron de Maricourt et l'Abbé Blanchard ont, tour à tour, consacré un historique ému à la Mobile de Loir-et-Cher.

Aujourd'hui, grâce aux efforts et à la persévérance des survivants du 75e Mobiles, un monument, dû au talent du sculpteur Halou, va glorifier et perpétuer, à l'entrée de Blois, la mémoire de leurs camarades, morts, durant l'hiver terrible, à Patay, à Loigny et par tout ce cimetière de boue que furent les plaines de la Beauce.

On ne peut évoquer les casquettes blanches de nos Moblots, sans songer aussitôt à celui qui fut, avec Gambetta, l'âme de la défense nationale et sut opposer à la Prusse victorieuse la deuxième armée de la Loire.

Le nom de Chanzy et son admirabe retraite sur Vendôme et sur le Mans dominent l'histoire et le roman.

A travers la froide nomenclature d'une bibliographie, ils transparaissent également entre les lignes.

Si modeste soit-il, c'est encore un hommage à rendre au 75e Mobiles, ce maillon d'une chaîne de bronze, que de réunir, au cours de ces pages, sans autre guide que l'ordre alphabétique, les ouvrages consacrés, à notre connaissance, à la première et à la deuxième armée de la Loire.

Quelques-uns sont connus de tous et pour ainsi dire classiques. Mais combien de monographies, de carnets de route, publiés au lendemain de la guerre, sont généralement ignorés et presque introuvables.

En rassembler les titres, n'est-ce pas un peu les sauver de l'oubli?

Ces notes n'ont pas d'autre prétention.

Coulmiers, Patay, Loigny! ce furent les stations du calvaire de nos Mobiles, et comme ils firent bien leur devoir, ces braves gens!

A peine équipés, mal armés, grelottants de fièvre et de froid, ils eurent devant la mort que déversaient sur eux les murs crénelés du château de Goury, le suprême courage qui sauva l'honneur, s'il ne put sauver la France.

De pareils souvenirs réconfortent, comme aussi nous réconforta ce crépuscule de victoire et d'illusion qui, la veille de l'armistice, faisait tomber entre les mains des troupes du général Pourcet le faubourg de Vienne.

On sait la suite. En même temps que la passerelle du pont de Blois, cette parcelle de gloire s'en alla en fumée.

Blois, 15 septembre 1909.

BIBLIOGRAPHIE SOMMAIRE DE LA PREMIÈRE ET DE LA DEUXIÈME ARMÉE DE LA LOIRE

A

A. B. : *Les journées de Josnes; Saint-Georges Buttavent.*

Revue d'Anjou, 1901, XLIII ; pp : 352-372.

Ambulance du château de Blois, 1870-1871.

Blois, Imp. Lecesne et Cie, 1874, in-8°, de 16 pp.

Amiral Jaurès (L') et le XXIe corps (1870-1871). — Deuxième armée de la Loire).

Albi, Amalric, 1901, in-8°.

ARDOUIN-DUMAZET : *Voyage en France.*

Paris-Nancy, Berger-Levrault et Cie, 1898, in-12. 1re série, *le Morvan, le val de la Loire, le Perche.* Les champs de bataille de la Beauce. 16e série, *de Vendée en Beauce.* (Les champs de bataille de la Beauce, pp. : 318-335).

B

(BARDIN G.) : *Journal pour servir à l'histoire de l'invasion allemande dans l'Orléanais, canton de Châteauneuf-sur-Loire (1870-1871).*

Orléans, Herluison, 1872, in-12.

(BATARD L.-B.) : *Armée de Chanzy, 1870-1871. Mobiles de la Mayenne, 3e bataillon.*

Alençon, Thomas, 1873, in-12.

BERNOT (J.-B) : *Châteaudun. Episodes de la guerre de 1870.*

Paris, Manginot-Hellitasse, 1871, in-12, de 118 pp.

BÉZARD (Alexandre) : *Deux drapeaux* (allemands) *en danger. Episode du combat de Saint-Quentin.*

Bul. de la Soc. arch. du Vendômois, XLVIII (1909), pp. : 66-71.

BIELAWSKI (J.-M.) : *3e régiment de Mobiles. Histoire du bataillon de Riom, campagnes de la Loire et de l'Est.*

Clermont-Ferrand, Barot-Duchier, 1872, in-12.

BINET (A) : *Episodes de la guerre de 1870 dans le Vendômois et notamment aux environs des Roches.*

Bul. de la Soc. amicale du Loir-et-Cher à Paris, X (mai 1902), pp. : 2-4.

BLANCHARD (L'Abbé) : *Campagne de 1870-1871. — 75e Régiment de Mobiles. — Mobile de Loir-et-Cher et un bataillon de Maine-et-Loire.*

Grande Imprimerie de Blois, 1896, in-8°, de VIII ; 223 pp.

BLEIBTREU (Karl) : *Orléans (1870).*

Stuttgard, Krabbe, 1900, in-8°, de 100 pp.

BLUME (Major W.) : *Opérations des armées allemandes depuis la bataille de Sedan jusqu'à la fin de la guerre, d'après les documents officiels du grand quartier général.*

Traduction E. Costa de Serda.

Paris, Dumaine, 1872, in-8°.

BOHINEUST (Henri) : *Commentaires d'un conscrit. — Chronique du 33e Mobiles. (Sarthe).*

Le Mans, Imp. Blanchet, 1896, de 205 pp.

BOIS (Capitaine Maurice) : *Guerre franco-allemande de 1870-1871. — La Défense nationale. — Sur la Loire, batailles et combats.*

Paris, E. Dentu et Cie, 1888, in-8°, de IV ; 399 pp.

BOMET (Félix): *Guerre franco-allemande, résumé et commentaire de l'ouvrage du Grand Etat-Major prussien.*

Paris, Baudouin, 1878-1883, trois in-8°.

BOUCHER (Aug.): *Récits de l'invasion. — Journal d'un bourgeois d'Orléans pendant l'occupation prussienne.*

Orléans, Herluison, 1871, in-12.

BOUCHER (Aug.): *Bataille de Loigny avec les combats de Villepion et de Poupry.*

Orléans, Herluison, 1872, in-12. (Une première édition avait paru en 1871.)

BOUCHER (Aug.): *Bataille de Coulmiers (9 novembre 1870).*

2e édition avec la liste des soldats morts à la bataille de Coulmiers.

Orléans, Herluison, 1876, in-12, de 76 pp. (La 1re édition est de 1871.)

BOUCHER (Aug.): *Combat d'Orléans, 11 octobre 1870.*

Orléans, Herluison, 1872, in-12.

BOURGOGNE (L'Abbé): *Souvenirs de l'invasion allemande dans les environs de Montoire.*

Bul. de la Soc. arch. du Vendômois, XV (1876), pp.: 36-59.

BREUILLAC (G.): *Campagnes de la Loire et de la Sarthe pendant la guerre franco-allemande, 1870-1871.*

Niort, Clouzot, 1871, in-12, de 259 pp.

BULOT (Frédéric): *Le 75e Mobiles.*

2e édition. — Blois, Imp. J. Marchand, 1872, in-8°, de IV; 220 pp.

C

CAILLOT (C.): *Les Prussiens à Chartres (21 octobre 1870-16 mars 1871).*

Chartres, 1871, in-12.

CARDONNE (Henry de): *Ville de Blois. — Inauguration du Monument commémoratif du combat du 28 janvier 1871 dans le faubourg de Vienne et de la plaque de M. Roty. — Compte rendu de la cérémonie et discours.*

Blois, Imp. C. Migault et Cie, 1900, in-12, de 43 pp.

CARON (F.): *Souvenir de l'Année terrible. — Sonnet.*

Mémoires de la Société des Sciences et Lettres de Loir-et-Cher, X (1884), p.: 370.

CATHELINEAU (Général de): *Le corps de Cathelineau pendant la guerre (1870-1871).*

Paris, Amyot, 1871, deux in-12.

CHANTEAUD (Gustave): *Précis de l'histoire de Vendôme.*

Vendôme, Imp. Empaytaz, S. D., in-12, de II; 220 pp.

CHANZY (Général): *Campagne de 1870-1871. — La deuxième armée de la Loire.*

Paris, Plon, 1871, in-8°, de 662 pp.

CHARPIGNON (Jean): *Souvenirs de l'occupation d'Orléans par les Allemands en 1870-1871. Théorie de l'invasion, ses effets, les assassinats, les blessés.*

Orléans, Herluison, 1872, in-8°, de 62 pp.

COCHARD (L'Abbé Th.): *L'invasion prussienne de 1870. —* I. *Les Bavarois à Orléans.*

Orléans, Séjourné, 1871, in-12.

COCHARD (L'Abbé Th.): *L'invasion prussienne de 1870. — II. Les Prussiens à Orléans.*

Orléans, Séjourné, 1871, in-12.

CORDIER (Capitaine): *Cours d'Histoire militaire, professé en 1886 à l'Ecole supérieure de guerre. — Les armées de la Loire.*

COSTE (E.): *Armée de la Loire, 1870-1871. — Nos étapes. — Journal de l'ambulance de la Haute-Vienne.*

Limoges, Veuve Ducourtieux, 1872, in-12.

COUDRAY (L.-D.): *Défense de Châteaudun dans la journée du 18 octobre 1870, incendies de Varize et de Civry.*

Châteaudun, Pouillier-Vaudecraine, 1871, in-12, de 83 pp.

COURTIL: *La Garde mobile du Lot et la 3e division du 17e corps. Campagne de 1870-71. (2e armée de la Loire).*

Cahors, Girma, 1879, in-12.

D

D'AURELLE DE PALADINES (Général): *Campagne de 1870-1871. — La première armée de la Loire.*

Paris, Plon, 1872, in-8°, de 400 pp.

DES MOUTIS (Charles): *Mémoires sur l'armée de Chanzy. — Le 49e régiment de Mobiles de l'Orne, 1870-1871.*

Alençon, Imp. de Broise, 1872, in-8°.

DES PALLIÈRES (Général MARTIN): *Campagne de 1870-1871. — Orléans.*

Paris, Plon, 1873, in-8°.

Documents sur l'invasion allemande. — Lettre du Sous-Préfet.

Bul. de la Soc. arch. du Vendômois, XIV (1875), pp.: 124-126.

DUFAY (Pierre): *La reprise de Vienne, 28 janvier 1871.*

Progrès de Loir-et-Cher, 26 janvier 1896.

DUFAY (Pierre): *Le 75e Mobiles. — Court historique d'un Régiment.*

Paris, Honoré Champion, 1909, in-8°.

DUFRESNE (P.): *Les Prussiens à Blois ou trois mois d'occupation (10 décembre 1870-12 mars 1871).*

2e édition, Blois, Imp. Paul Dufresne, S. D., in-8°, de 48 pp.

DUMAS (Lieut.-Colonel) : *Historique du 71e régiment territorial d'infanterie, d'après les documents officiels. — Les Mobiles de Maine-et-Loire (29e Mobiles. — 3e bataillon du 75e Mobiles).*

Angers, Germain et Grassin, 1885, in-8°.

DUVAL (Marc) : *A travers le 75e Mobiles.*

L'*Echo du Centre* (Blois), 18 septembre 1909.

E

Episode de l'invasion allemande dans le Perche, en novembre 1870. — Extrait du registre des délibérations du Conseil municipal de Saint-Agil.

Bul. de la Soc. arch. du Vendômois, XIV (1875), pp.: 127-137.

ERARD (D.) : *Souvenirs d'un mobile de la Sarthe ; 33e régiment, Armée de la Loire. —16e corps.*

2e édition, Le Mans, Imp. Monnoyer, 1909, in-8°, de XIX ; 244 pp.

EUDEL (Paul) : *1870-71. Les Prussiens à Cellettes.*

Blois. Imp. C. Migault et Cie, 1904, in-12, de 56 pp.

F

FAUTRAS (Gustave) : *Autour d'un champ de bataille (Coulmiers).*

Paris, Hachette, 1901.

FONTENAY (Baron de) : *Souvenirs d'un volontaire de Cathelineau.*

Revue d'Histoire moderne, 1900-1901, II, p.: 227.

FOUDRAS (Comte Th. de) : *Une page d'histoire. — Les Francs-Tireurs de la Sarthe.*

Nouvelle édition, Plon, 1885, in-8°.

FREYCINET (Ch. de): *La guerre en province pendant le siège de Paris, 1870-1871.*

Paris, Lévy frères, 1872, in-8°. (Ce volume a été réédité dans le format in-12.)

G

GARREAU (L'Abbé): *Les quarante otages de la Prusse à Beaune-la-Rolande, épisode de la bataille du 28 novembre 1870.*

Orléans, Herluison, 1874, in-8°.

GAY (Ernest): *La guerre en province. — Campagne de la Loire et du Mans.*

Paris, Ducrocq, S. D., in-8°.

GÉRAUD (Léon): *Les étapes d'un chasseur à pied. — Souvenirs de la 1re armée de la Loire, 1870.*

Paris, Broussois et Cie, 1872, in-12.

GLAIS-BIZOIN: *Dictature de cinq mois; mémoires pour servir à l'histoire du gouvernement de la Défense nationale et de la Délégation de Tours et de Bordeaux.*

Paris, Dentu, 1872, in-12.

GODARD (H.): *La Défense de Châteaudun d'après des documents allemands.*

Châteaudun, H. Prudhomme, 1896, in-16, de 83 pp.

GOHIER (G.): *L'invasion allemande à Mondoubleau et la bastonnade d'Epuisay.*

Bul. de la Soc. arch. du Vendômois, XIII (1874), pp.: 328-336.

GOLTZ (Baron Colmar von der): *Gambetta et ses armées.*

Traduction autorisée.

Paris, Sandoz et Fischbacher, 1877, in-12.

GOUGEARD (Général): *Deuxième armée de la Loire. — Division de l'armée de Bretagne.*

Paris, Dentu, 1871, in-8°.

GRAND ÉTAT-MAJOR PRUSSIEN : *La guerre franco-allemande de 1870-1871.*

Traduction E. Costa de Serda.

Berlin, Ernest Siegfried Mittler et fils, 1872-1882, cinq in-8°.

GRAND ÉTAT-MAJOR ALLEMAND : *Opérations de la 6e division de cavalerie en Sologne, du 6 au 15 décembre 1870. Le détachement de Boltenstern dans la vallée du Loir, 26 et 27 décembre 1870.*

Traduction Ch. Kussler.

Paris, Westhausser, 1889, in-8°.

GRANDLIEU (Ph. de)-(Léon LAVEDAN) : *L'ossuaire de Loigny.*

Paris, Perrin, 1890, in-12, de 34 pp.

Grands cadres, petits tableaux. Gravelotte, Sedan, campagne de la Loire, par un Chirurgien.

Paris, Librairie générale, 1877, in-12.

GRENEST (Capitaine Sergent) : *L'armée de la Loire. — Relation anecdotique de la campagne de 1870-1871.*

Paris, Garnier frères, 1893, in-8°.

GUIGNARD (Ludovic) : *Le coup de revolver. — Episode de la guerre de 1870.*

Blois, Imp. R. Marchand, 1880, in-8°, de 10 pp.

GUILBAUD (F.) : *Les Mobilisés d'Ille-et-Vilaine; la vérité sur l'affaire de la Tuilerie à la bataille du Mans en 1871.*

Angers, Imp. Lachèse et Dolbeau, 1881, in-12.

H

Histoire de la ville et du canton de Beaugency pendant la guerre de 1870.

Orléans, Herluison, 1872, in-12, de 185 pp.

HOUDRÉ: *Prussiens et Français à Coulmiers. — Extrait du journal du château de Luz, par un témoin oculaire.*

1876, in-12, de 60 pp.

HUGOUNET (Paul): *Les champs de bataille de 1870. — II. Orléans (11 octobre 1870-11 octobre 1884).*

Orléans, Herluison, 1884, in-8°.

I

Inauguration, le 22 juin 1872, du monument élevé au Temple, commune de Vendôme, aux victimes de la guerre.

Bul. de la Soc. arch. du Vendômois, XI (1872), p : 227.

(Voir: P. LEMERCIER.)

Inauguration du monument élevé aux Roches aux soldats français tués dans la commune et aux environs.

Semaine religieuse du diocèse de Blois, 1875-1876, pp.: 653-655.

ISAMBERT (Gustave): *Combat et incendie de Châteaudun (18 octobre 1870).*

—Paris, Librairie internationale, 1871, in-12, de 107 pp.

ISAMBERT (Gustave): *La défense de Châteaudun.*

Paris, Charavay frères, 1885, in-16, de 149 pp.

(Réédition remaniée et augmentée de l'ouvrage précédent.)

J

JACQUEMONT (L.): *La campagne des Zouaves pontificaux en France sous les ordres du général baron de Charette (1870-1871).*

Paris, Plon, 1871, in-12.

JAURÈS (Amiral): *Le 21e corps (novembre-décembre 1870).*

Revue de Paris, 1901, II, pp.: 1-34.

K

KORTZFLEISCH (Major von): *La campagne sur le Loir et la prise de Vendôme (15 et 16 décembre 1870). — Etude d'histoire militaire.*

Traduction de G. Fontaine.

2e édition, Paris, Soc. française d'Imp. et de Lib., 1900, in-8°, de 266 pp.

L

LA BORDERIE (A. de): *Le camp de Conlie et l'armée de Bretagne.*

Paris, Plon, 1874, in-12.

LACOMBE (Hilaire de): *Souvenirs de l'invasion. — L'occupation d'Orléans. — M. Thiers et Monseigneur Dupanloup.*

Paris (extrait du *Correspondant*), 1871, in-8°.

LACOMBE (Hilaire de): *Le champ de bataille de Loigny.*

Paris, Douniol, 1877, in-8°, de 64 pp.

LACROIX (Eugène): *Le 5e bataillon de marche du 2e régiment d'Infanterie de marine. Armée de la Loire et armée de l'Est.*

Paris, Lacroix, 1871, in-12.

LA MOTTE-ROUGE (Général E.-J. de): *Un mois de commandement au 15e corps d'armée de la Loire (septembre et octobre 1870).*

Nantes, Grimaud, 1889, in-8°, de 100 pp.

LANDAU (L'Abbé): *Six mois en Bavière, par l'aumônier militaire de Munich.*

Paris, Douniol, 1871, in-12, de 200 pp.

LANDAU (L'Abbé): *Eloge funèbre prononcé à Menars à l'occasion de l'inauguration du monument élevé à la mémoire des officiers et soldats morts à l'ambulance du château en 1870-71.*

Semaine religieuse du diocèse de Blois, 1877-1878, pp.: 591-596.

LANDAU (L'Abbé): *Œuvre des tombes militaires établie à Blois en 1875.*

Ibid., 1878-1879, pp.: 131-135; 325-331.

LANNOY (A.-P. de): *Le champ de bataille de Loigny (2 décembre 1870).*

Revue hebdomadaire, 1901, I, pp.: 182-192.

LARROUMET (Gustave): *Vingt-cinq ans après. — Le dernier anniversaire.*

Le *Figaro*, 28 janvier 1896.

LARROUMET (Gustave): *Les héros oubliés.*

Le *Figaro*, 10 mai 1896.

LASNIER (E.): *La guerre franco-allemande dans le Blésois et la Sologne (1870-1871). — Notes et souvenirs d'un témoin oculaire pendant l'invasion.*

Paris, E. Lechevalier, 1898, in-8°, de 94 pp.

LA TOUANE (Colonel de): *Un régiment de l'armée de la Loire. — Histoire du 33e Mobiles. (Département de la Sarthe).*

Le Mans, Imp. de la Sarthe, 1872, in-12, de 185 pp.

LEDEUIL (E.): *Campagne de 1870-1871. — Châteaudun, 18 octobre 1870.*

Paris, A. Sagnier, 1871, in-8°, de 135 pp.

LEDEUIL (E.): *Parallèle de la défense sur la Loire et à Paris.*

Ibid., 1871, in-

LEDEUIL (Lt-colonel) : *Campagne des Francs-Tireurs de Paris. — Châteaudun. — Récits et documents pour servir à l'histoire de la Défense nationale.*

Saint-Ouen (Seine), Bibliothèque du Franc-Tireur, S. D. (1896), in-8°, de 519 pp.

LEHAUTCOURT (P.) : *Campagne de la Loire en 1870-1871. Coulmiers et Orléans.*

Paris-Nancy, Berger-Levrault et Cie, 1893, in-8°.

LEMERCIER (P.) : *L'inauguration du monument commémoratif des batailles de Vendôme. (Les Fêtes de Vendôme, 15-25 juin 1872).*

Vendôme, Lib. de Mme Mettaye, 1873, in-8°, pp. : 129-142.

LESCOT (Marcel) : *Notes et impressions d'un volontaire de 1870).*

Blois, Migault. Paris, Flammarion, 1901, in-8°, de 99 pp.
(M. Marcel Lescot était sergent au corps de Cathelineau.)

LIPOWSKI (Général de) : *La défense de Châteaudun, suivie du rapport officiel adressé au ministère de la guerre.*

Paris, Lacaze, 1871, in-8° de 30 pp.

Loigny et nos Mobiles. — 18e anniversaire de Loigny, 3 décembre 1888.

Semaine religieuse du diocèse de Blois, 1888-1889, pp. : 43-46.
(Article signé : Un Moblot).

M

M... (Commandant) : *La cavalerie allemande pendant la campagne de la Loire, 1870-1871.*

Journal des Sciences militaires, 1903-1904.

MAILLARD (L'Abbé E.) : *Campagne de France, 1870-1871. — Les soldats du Christ.*

Nimes, Giraud, 1871, in-12.

MAILLARD (L'Abbé E.) : *Histoire populaire des Zouaves pontificaux (Volontaires de l'Ouest) pendant la campagne de France (1870-1871).*

Tournai, V.-H. Casterman, 1871, in-12.

MALARDIER : *Journal des principaux événements survenus à Montoire pendant la guerre et l'invasion allemande (du 1er juillet 1870 au 7 mars 1871).*

Bul. de la Soc. arch. du Vendômois, XVI (1877). pp. : 50-79 ; 113-138.

MALLET (Dominique) : *La bataille du Mans.*

Le Mans, 1873, in-12.

MALLET (Dominique) : *Les Prussiens au Mans.*

Le Mans, Imp. Monnoyer, 1874, in-12.

MARGUERITTE (Paul et Victor) : *Une époque. — Les tronçons du glaive.*

Paris, Plon, 1901, in-12.

MARICOURT (Baron de) : *Histoire de la Mobile de Vendôme (morts et blessés de la 8e compagnie, 2e bataillon).*

Bul. de la Soc. arch. du Vendômois, XIV (1875), pp. : 225-290.

(Médaille d'argent votée à l'auteur, *Ibid.* XV (1876), p. : 16).

MARICOURT (Baron de) : *Casquettes blanches et croix rouge. — Souvenirs de 1870. — Coulmiers, Faverolles, Loigny, l'ambulance.*

Paris, Firmin-Didot et Cie, S. D., in-12, de 296 pp.

MAROTTE : *Bataille de Beaune-la-Rolande, le 28 novembre 1870, et récits sommaires des faits de l'occupation allemande dans les communes du canton de Beaune-la-Rolande.*

Paris, Dentu, 1872, in-8°.

MAUNI (R. de) : *Mémoires sur l'armée de Chanzy.*

Paris, Sauton, 1872, in-12.

MAZÉ (Jules) : *L'Année terrible. —Les derniers coups de feu. (L'armée de la Loire).*

Tours, Mame et fils, S. D., in-4°, de 230 pp.

MENGIN (Charles) : *La bataille du Mans. — Les Mobilisés de la Loire-Inférieure à Champagné.*

Nantes, Imp. Etiembre et Plédan, 1873, in-12.

MICHEL (J.) : *Chasse au Prussien. Notes au jour le jour d'un franc-tireur de l'armée de la Loire.*

Paris, Dentu, 1872, in-12.

(L'auteur faisait partie de la 5e compagnie des francs-tireurs de Tours.)

Militair Wochenblatt, année 1871, N° 64.

MONOD (Gabriel) : *Allemands et Français. — Souvenirs de campagne. — Metz, Sedan, la Loire.*

(1re édition, 1872).

2e édition, Paris, Fischbacher, 1873, in-12.

MONSABRÉ (R. P.) : *Une ville héroïque. — Discours pour l'anniversaire de la défense de Châteaudun.*

Paris, Albanel, 1872, in-12, de 69 pp.

MONTARLOT (Paul) : *Journal de l'invasion. — Châteaudun (4 septembre 1870-11 mars 1870).*

Châteaudun, Pouillier-Vaudecraine, 1872, in-12, de 306 pp.

MORANCÉ (L'Abbé Ch.) : *Un régiment de l'armée de la Loire. — Notes et souvenirs.*

Le Mans, Imp. Leguicheux-Gallienne, 1874, in-12.

(L'Abbé Morancé était aumônier du 33e Mobiles (Mobiles de la Sarthe.)

MOREL (H.) : *La bataille de Loigny, 2 décembre 1870.*

Lille, S. D., in-8°.

N

NEILZ : *Journal d'un Vendômois. — Cinq mois et dix jours d'invasion (1870-1871).*

Vendôme, Typ. Lemercier, 1887, in-8°, de III ; 268 pp.

Notes (Les) de Monseigneur Pallu du Parc sur l'occupation prussienne.

La *Croix du Centre* (Blois), 20 février-16 novembre 1897. (47 feuilletons).

O

ONNÉE (Jules) : *Faits et gestes de la Légion bretonne pendant la campagne de 1870-1871.*

Paris, Blériot, 1872, in-8°.

ORHAND (Capitaine) : *113e régiment d'Infanterie. — Essai chronologique et succinct des événements militaires qui se sont passés dans la ville et les environs de Blois.*

Blois (Presse régimentaire), 1897, in-16, de 40 pp.

P

PÉTIGNY (Xavier de) : *Six mois d'occupation militaire en Blésois (septembre 1870-février 1871).*

Blois, Imp. C. Migault et Cie, 1904, in-8°, de 371 pp.

PISSOT (Docteur Léon) : *Le 29e régiment de Mobiles (Maine-et-Loire) pendant les campagnes de la Loire et de l'Est (1870-1871).*

Angers, Imp. Lachèse, Belleuvre et Dolbeau, 1873, in-8°, de 94 pp.

POIRIER (Victor) : *Quelques notes sur l'invasion allemande à Saint-Ouen (Loir-et-Cher).*

Bul. de la Soc. arch. du Vendômois, XV (1876), pp. : 144-156.

POURCET (Général) : *Campagne sur la Loire (1870-1871). — Les débuts du 16e corps. — Le 25e corps.*

Paris, Librairie du *Moniteur universel,* 1874, in-8°, de VIII ; 232 pp.

PRÉLOT (L'Abbé) : *Journal d'un infirmier du corps de Cathelineau.*

Paris, Douniol, 1871, in-12.

PRÉVILLE (L'Abbé de) : *Les fêtes de Vendôme.*

Semaine religieuse du diocèse de Blois, 1871-1872, pp. : 488-489 ; 503-506.

R

Récits Dunois. — Châteaudun pendant l'invasion. — Journée du 21 décembre. — Bataille de Châteaudun.

Châteaudun, Henri Lecesne, 1871, in-12, de 59 et 63 pp.

RENARD (Docteur) : *Du rôle de l'assistance volontaire aux blessés militaires et de ses rapports avec le corps de santé militaire. — Son organisation actuelle.*

Blois, Imp. C. Migault et Cie, 1901, in-8°, de 27 pp.

RENOU (L'Abbé) : *Armée du général Chanzy. — Histoire de la Garde mobile d'Indre-et-Loire.*

Tours, Imp. Bouserez, 1877, in-12.

RENOU-MENIER : *Note sur les principaux faits qui ont signalé la présence de l'armée d'invasion dans la commune de Lancé (canton de Saint-Amand, arrondissement de Vendôme).*

Bul. de la Soc. arch. du Vendômois, XVI (1877), pp. : 307-309.

Reprise (La) du faubourg de Vienne, 28 janvier 1871. — Villebois-Mareuil.

Les *Annales,* 31 août 1902.

REYNAUD (Jean): *Souvenirs de l'armée de la Loire. — Journal de marche du 27e Mobiles (Isère).*

Grenoble, Maisonville et Jourdan, 1872, in-16.

ROGERON (Louis): *Quatre mois en campagne. — Souvenirs d'un Provinois de l'armée de la Loire.*

Provins, Lebeau, 1872, in-8°.

ROUSSET (Commandant): *La seconde campagne de France. — Histoire générale de la guerre franco-allemande, 1870-1871.*

Paris, Librairie illustrée, S. D., six in-8°.

RUSTOW (W): *Guerre des frontières du Rhin, 1870-1871.*

Traduction Savin de Larclause.

Paris, Dumaine, 1871, deux in-8°.

S

SAFFLET (Capitaine P.): *Campagne de la Loire, 1870-1871. La Fourche, Connerré, Crissé. — Historique du 5e bataillon des Mobiles de la Sarthe.*

La Flèche, Chasser-Beulay, 1899, in-8°, de 76 pp.

SAINT-JEAN (Comte de)-(Mme RIOM): *Mobiles et Zouaves bretons.*

Nantes, Libaros, 1871, in-12.

SAINT-VENANT (R. de): *Notice nécrologique sur M. le baron de Maricourt.*

Bul. de la Soc. arch. du Vendômois, XLII (1903), pp.: 23-37.

Souvenir de l'invasion. — Un épisode de la bataille du Mans. (Combat de Crissé). — Janvier 1871.

Paris, 1880, in-8°, de 16 pp.

STANISLAS (R. P.): *Impressions d'un aumônier de Mobiles à la 2e armée de la Loire, 1870-1871.*

Le Mans, Imp. Leguicheux-Gallienne, 1873, in-8°.

T

TEMPS (Journal le) : *Article consacré à la prise de Blois et aux événements qui l'accompagnèrent, 18 juillet 1871.*

U

Un coin de la bataille du Mans. — Combat de Changé, 10 janvier 1871. — Combat du Tertre de Changé, 11 janvier 1870. — Récits d'un vieux Manceau.

USSEL (Vicomte d') : *Campagne d'un volontaire sur la Loire et dans l'Est.*

Paris, Douniol, 1871, in-8°.

V

VUILLIÈME (Alfred) : *La défense de Fréteval, 13, 14 et 15 décembre 1870.*

Bul. de la Soc. arch. du Vendômois, XLII (1903), pp. : 136-190.

www.ingramcontent.com/pod-product-compliance
Ingram Content Group UK Ltd.
Pitfield, Milton Keynes, MK11 3LW, UK
UKHW022152260726
13993UKWH00005B/2330